BEI GRIN MACHT SICH IHR WISSEN BEZAHLT

Andreas Kirchmann

Nietzsches Einfluss auf Roland Barthes' "Le plaisir du texte"

GRIN Verlag

Bibliografische Information der Deutschen Nationalbibliothek:

Die Deutsche Bibliothek verzeichnet diese Publikation in der Deutschen National-
bibliografie; detaillierte bibliografische Daten sind im Internet über http://dnb.d-
nb.de/ abrufbar.

Impressum:

Copyright © 2006 GRIN Verlag GmbH
Druck und Bindung: Books on Demand GmbH, Norderstedt Germany
ISBN: 978-3-656-45291-1

Dieses Buch bei GRIN:

http://www.grin.com/de/e-book/63963/nietzsches-einfluss-auf-roland-barthes-le-
plaisir-du-texte

Johann Wolfgang Goethe-Universität Frankfurt

Institut für Romanische Sprachen und Literaturen

Sommersemester 2006

Barthes, Kristeva und Lacan: Die Lust am Text

Referat

Friedrich Nietzsches Einfluss auf Roland Barthes' Werk

Le plaisir du texte

Andreas Kirchmann

7. Fach- und Studiensemester Romanistik/Anglistik

31.08.06

Roland Barthes' Gesamtwerk ist nicht einfach einzuordnen und entzieht sich erst recht jeglicher Klassifizierung. Dies liegt zu einem Großteil daran, dass die Texte von Barthes jegliche Systemhaftigkeit unterlaufen.[1] Untersucht man jedoch sein Werk *Le plaisir du texte* auf mögliche Anspielungen, Zitate und Verweise auf andere Texte und Autoren, dann wird deutlich, dass sich eine hohe Anzahl von Verweisen und Zitaten finden lassen, die sich ganz konkret auf die Schriften Friedrich Nietzsches beziehen. Nietzsches Schreibmodell lässt sich dabei leicht mit der von Barthes angestrebten hedonistischen, also einer an der Lust und am Körper orientierten, Ästhetik verbinden.[2]

Nach Langer waren aus Nietzsches Werk vor allem drei Aspekte für Barthes besonders interessant, und zwar der Nihilismus, den Barthes als einen Kampf gegen das Signifikat verstanden habe, dann Nietzsches Kritik an der Wahrheit sowie seine Sprachkritik.[3]

Nietzsche ist dabei wohl der erste, der eine umfassende Sprachkritik überhaupt formulierte. Nach dieser seien Begriffe nicht in der Lage, die Wahrheit über den bezeichneten Gegenstand auszusagen, „da sie aus subjektiven Übertragungen von Nervenreizen entstünden, denen keine objektive Eigenschaft des Gegenstandes in der Wirklichkeit zugesprochen werden könne". Nietzsche kritisiert also die grundsätzliche Falschheit der Sprache und schneidet sie von ihren Referenten ab.[4]

Genau wie Nietzsche verfasste auch Barthes eine Sprachkritik, die ebenso wie die von Nietzsche die Sprache nicht als ein adäquates Mittel zur Darstellung von Wahrheit und Realität anerkennt.[5] Bei beiden hat die Kritik an der Sprache zu einer „Festschreibungen vermeidenden Sprachpraxis, deren Verfahrensweisen ähnlich gelagert sind" geführt.[6]

---

[1] Vgl. Langer, Daniela: *Wie man wird, was man schreibt. Sprache, Subjekt und Autobiographie bei Nietzsche und Barthes*. München: Wilhelm Fink, 2005, 182.
[2] Vgl. Ette, Ottmar: *Roland Barthes. Eine intellektuelle Biographie*. Frankfurt: Suhrkamp, 1998, 361.
[3] Vgl. Langer, 179-180.
[4] Ebd., 25.
[5] Vgl. ebd., 9.
[6] Ebd.

Nietzsche kritisierte zudem in einem besonderen Maße die begriffliche Wahrheit, stattdessen plädierte er für Ambivalenz, Offenheit und Sinnlichkeit.[7] Er wandte sich dabei also – genau wie Barthes später – gegen die „begriffliche Allgemeinheit, die die Wissenschaft anstrebt und verkörpert".[8]

Barthes geht zudem in besonderem Maße gegen den Machtanspruch des Signifikats vor und kritisiert Bezeichnungen wie „Werk", „Autor" und „Subjekt" als Ideologeme, da sie alle mit dem Signifikat als „Wahrheit" und „wahre Bedeutung" verbunden seien.[9]

Da seit Nietzsche die Wahrheit nur noch als eine plurale denkbar ist, ist in der Folge für Barthes die engstirnige Suche nach der Wahrheit für die Textlektüre unbedeutsam.[10] Dabei geht Barthes von der Überlegung aus, „daß der literarische Text jederzeit eine neue Antwort auf seine Fragen erheischt".[11]

Barthes fasse Zima zufolge den literarischen Text also als ein Zusammenspiel von Signifikanten auf. Diesem Zusammenspiel jedoch könne keine noch so ausführliche Interpretation ein Ende bereiten, da der Text einen offenen Bedeutungsprozess darstelle, der noch abgeschlossen werden könne.[12] Ein Text stellt also keine geschlossene Einheit mehr dar, die begrenzte Bedeutungen hat. Vielmehr ist ein Text ein unendliches Spiel von Signifikanten, die dabei nie „auf einen einzigen Mittelpunkt, eine einzige Essenz oder Bedeutung reduziert werden können".[13] Barthes Plädoyer für die Offenheit eines Textes und die unbegrenzte Lektüre machen ihn in den Augen Zimas zu einem „konsequenten Nietzscheaner".[14]

---

[7] Vgl. Zima, Peter V: „Roland Barthes' nietzscheanische Ästhetik des Signifikanten". *Literarische Ästhetik. Methoden und Modelle der Literaturwissenschaft.* Ders. Tübingen: Francke Verlag, 1991, 267.
[8] Ebd., 268.
[9] Vgl. ebd., 271.
[10] Vgl. Röttger-Denker, Gabriele: *Roland Barthes zur Einführung.* Hamburg: Junius Verlag, 1989, 45.
[11] Zima, 270-271.
[12] Vgl. ebd., 275.
[13] Eagleton, Terry: *Einführung in die Literaturtheorie.* 3. Auflage. Stuttgart: Metzler, 1994, 123.
[14] Zima, 282.

Barthes brachte dabei die Philosophie Nietzsches bereits schon vor *Le plaisir du texte* in sein Werk ein. Ihm sei es sogar gelungen, Nietzsche in die Begriffswelt der *Tel Quel*-Gruppe miteinzubringen, und zwar nach Ette so verblüffend nachhaltig, dass man bei Barthes durchaus von einer „nietzscheanischen Ästhetik des Signifikanten", wie Zima es tut, sprechen könne.[15]

Tel Quel bezeichnet dabei eine literaturkritische Bewegung um die gleichnamige Zeitschrift, welche von Phillippe Sollers und Jean-Edern Hallier gegründet wurde und von 1960 bis 1982 erschien. Seit 1983 erscheint nun ihre Nachfolgezeitschrift *L'infini*. Die Zeitschrift *Tel Quel* beinhaltete dabei Veröffentlichungen namhafter Autoren wie Michel Foucault, Jacques Derrida, Julia Kristeva, Umberto Eco und Roland Barthes. Ihnen ging es in erster Lage um eine Kritik an der „Despotie der herrschenden Sprache und ihre Rigorosität, den Sinn festzulegen".[16]

Daneben war es auch ein Anliegen der *Tel Quel*-Gruppe, die Hegemonie Sartres der damaligen Zeit in Schach zu halten: „Le but est de se distancier du sartrisme, plus largement de la littérature engagée (par exemple Camus)".[17]

Dabei hat Barthes wahrscheinlich „le plus contribué au pouvoir intellectuel de la revue grâce à sa multipositionnalité"[18], so dass sein Tod 1980 nach Meinung von Stafford in einem besonderem Maße zur Auflösung der Zeitschrift kurze Zeit nach seinem Ableben geführt habe, und dass, obwohl Barthes ja nicht zum Herausgeberteam gehört habe, sondern er sich selbst eher als einen „fellow-traveller" als ein Mitglied der *Tel Quel*-Gruppe gesehen habe.[19]

---

[15] Ette, 361.
[16] Vgl. http://de.wikipedia.org/w/index.php?title=Tel_Quel&printable=yes
[17] Kauppi, Niilo: *Tel Quel: La constitution sociale d'une avant-garde.* Helsinki: The Finnish Society of Sciences and Letters, 1990, 30.
[18] Ebd., 99.
[19] Vgl. Stafford, Andy: *Roland Barthes, Phenomenon and Myth. An intellectual biography.* Edinburgh: University Press, 1998, 127 und 157.

Die Übertragung Nietzsches in die französische Texttheorie sei Barthes nach Ette wohl vor allem deshalb so gut gelungen, weil Barthes Nietzsche nicht direkt, sondern durch Gilles Deleuze[20] und Pierre Klossowski[21] vermittelt, gelesen habe.[22]

Als besondere Bezugspunkte seien für Barthes bei dieser vermittelten Nietzsche-Lektüre nach Langer dabei besonders Pluralität, Diversität, das Begehren, welches in *Le plaisir du texte* zum Begehren des Textes übertragen wurde, sowie die Betonung des Körpers bei Nietzsche gewesen.[23]

Nietzsche sei im Werke Barthes' nach Ette dabei immer mehr zu einem „Orientierungspunkt [...] des eigenen Philosophierens" geworden.[24] Auch Langer sieht die Bedeutung der Schriften Nietzsches für das Schreiben von Barthes in einem Fixpunkt, da er Nietzsche lediglich zitiere,[25] aber weder „entwende" noch adaptiere.[26] So betont sie, dass, während Autoren wie Derrida oder Foucault zwar „explizit *über* Nietzsche schreiben, [...] sich bei Barthes weder ein Buch noch ein Aufsatz [finde], der sich mit Nietzsche auseinandersetzt – obgleich auch Barthes ihn hier und da als Bezugspunkt seines Schreibens nennt".[27] Obwohl Barthes Nietzsche also öfter nennt und seine Zitate anführt, legt er „Nietzsche niemals *aus*, schreibt niemals *über* Nietzsche"[28].

---

[20] Gilles Deleuze (1925–1995), französischer Philosoph, veröffentlichte 1962 sein Werk *Nietzsche et la philosophie.* Vgl. http://www.de.wikipedia.org/wiki/Gilles_Deleuze.
[21] Pierre Klossowski (1095-2001), französischer Schriftsteller, Maler, Philosoph und Übersetzer (übersetzte einige Schriften Nietzsches ins Französische), veröffentlichte 1969 sein Buch *Nietzsche et le cercle vicieux.* Vgl. http://www.lyrikwelt.de/autoren/klossowski.htm.
[22] Vgl. Ette, 362.
[23] Vgl. Langer, 178.
[24] Ette, 362.
[25] Nietzsche Zitate oder Anspielungen sind dabei in Barthes, Roland: *Die Lust am Text.* Frankfurt: Suhrkamp Verlag, 1982 auf den Seiten 21, 44, 50, 61, 64, 85, 89 und 91 zur Bestätigung der Aussage von Langer zu finden.
[26] Vgl. Langer, 311.
[27] Ebd., 36.
[28] Ebd., 180.

So nennt er die Termini Nietzsches (so zum Beispiel den Nihilismus[29]) und *benennt* sie auch, doch erklärt er jedoch nie genau, was diese Termini bedeuten. Barthes greife nach Langer die Termini Nietzsches also nie wirklich auf.[30]

Ette zufolge sei die Beziehung zwischen Nietzsche, *Tel Quel* und Barthes dabei eine doppelte, denn Barthes habe Nietzsche nicht nur in die Texttheorie der *Tel Quel*-Gruppe hineingeführt. Vielmehr habe die Einführung Nietzsche in die französische Texttheorie Barthes aus der *Tel Quel*-Gruppe auch wieder herausgeführt. So spiele laut Ette *Le plaisir du texte* mit einer großen Anzahl der Theoreme der Texttheorie. Demnach inszeniere Barthes die Auflösung des Subjektbegriffs als die Auflösung einer Spinne in ihrem Netz:[31]

> *Texte* veut dire *Tissu*; mais alors que jusqu'ici on a toujours pris ce tissu pour un produit, un voile tout fait, derrière lequel se tient, plus ou moins caché, le sens (la vérité), nous accentuons maintenant, dans le tissu, l'idée générative que le texte se fait, se travaille à travers un entrelacs perpétuel; perdu dans ce tissu – cette texture – le sujet s'y défait, telle une araignée qui se dissoudrait elle-même dans les sécrétions constructives de sa toile.[32]

Nach Langer handele es sich bei der Metapher des Gewebes dabei um ein „Zerstreuen von Signifikanten, um das Ineinandergreifen verschiedener Fäden, die als Intertexte (ganz im Sinne Kristevas) aufgefasst werden können".[33] Demnach seien „alle literarischen Texte aus anderen literarischen Texten gewoben" und kein Text könne einen Anspruch als „erstes" literarisches Werk stellen, da jede Form von Literatur intertextuell sei. Somit habe auch kein Text eine fest definierte Grenze, sondern fließe in andere Texte über, wie auch der Text selbst kein richtiges Anfang und Ende hab und es auch keine Hierarchie der Textebenen gebe, die andeuten könnten, was bedeutsam sei und was nicht.[34]

---

[29] Barthes, Roland: *Le plaisir du texte*. In: *Œuvres complètes*. Ders. Paris: Editions du Seuil, 1994, 1517.
[30] Vgl. Langer, 215.
[31] Vgl. Ette, 362.
[32] Barthes (1994), 1527.
[33] Langer, 218.
[34] Vgl. Eagleton, 122-123.

Ebenso nimmt Barthes in seinem *Le plaisir du texte* Bezug auf den von ihm proklamierten Tod des Autors. Dabei kehrt der Autor in den Text zurück, und zwar als ein Begehren des Ichs:[35]

> Comme institution, l'auteur est mort: sa personne civile, passionnelle, biographique, a disparu; [...] mais dans le texte, d'une certaine façon, *je désire* l'auteur: j'ai besoin de da figure (qui n'est ni sa représentation, ni sa projection), comme il a besoin de la mienne (sauf à ‚babiller').[36]

Auch der Begriff der Intertextualität erfährt eine deutliche Verschiebung durch Barthes und findet nach Ette Eingang in *Le plaisir du texte* in einer deutlich radikalisierten Fassung.[37] So schreibt Barthes, dass der Inter-Text die Unmöglichkeit sei, „de vivre hors du texte infini – que ce texte soit Proust, ou le journal quotidien, ou l'écran télévisuel".[38]

Barthes verschiebt und erweitert den Begriff der Intertextualität also insoweit, als dass er ihn auf die verschiedensten kulturellen Praktiken bezieht.[39] Jedoch bleibt zu vermerken, dass die Einbeziehung von Tageszeitung und Fernsehprogramm jedoch noch keine Öffnung gegenüber Massenkultur und Massenkommunikation darstellt. Denn nach Barthes könne in einer Massenkultur keine Signifikanz und damit verbunden keine Wolllust entstehen, denn das Modell der Massenkultur sei kleinbürgerlich.[40]

Nach Ette habe Barthes vom Impuls Nietzsches ausgehend versucht, „aus der Theorie des Textes eine Erotik des Textes, eine Ästhetik der Textlust, zu entwickeln".[41] Doch was wäre das genaue Thema einer Ästhetik der Textlust? Nach Röttger-Denker ging es Barthes in erster Linie um die Verknüpfung von Körper und Sprache, nicht von Sinn und Sprache.[42]

---

[35] Vgl. Ette, 363.
[36] Barthes (1994), 1508.
[37] Vgl. Ette, 363.
[38] Barthes (1994), 1512.
[39] Vgl. Ette, 363.
[40] Vgl. Barthes (1994), 1514.
[41] Ette, 366.
[42] Vgl. Röttger-Denker, 28.

So schreibt sie, dass in *Le plaisir du texte* Barthes vor allem der Zusammenhang und das Zusammenspiel zwischen Körper und Sprache wichtig gewesen sei und nicht, wie in der Tradition der Hermeneutik beispielsweise, das Zusammenwirken von Sinn und Sprache.[43]

Barthes selbst ist sich der Bedeutung des „Körpers" in seinem Werk durchaus bewusst. In seiner Biographie *Über mich selbst* fragt er, ob nicht für einen jeden Schriftsteller ein Mana-Wort existiere, welches ihm die Illusion gebe, mit eben diesem Wort eine Antwort auf alle Fragen geben zu können. Dieses Mana-Wort sei für Barthes jenes Wort „Körper".[44] Dabei werde von Barthes der Text „als ein Körper verstanden, der in ein Spiel mit den Körpern von Lesenden wie Schreibenden tritt".[45] Sowohl das Schreiben stelle in diesem Zusammenhang eine körperliche, da an die Hand gebundene, Tätigkeit dar, wie auch das Lesen körperlich sei, da es mit bestimmten Körperstellungen in Verbindung gebracht werde.[46] Körper und Schreiben sind somit nicht voneinander trennbar, vielmehr ist die Hand jener Körperteil, „der den Körper zur Materialität des Schreibens ‚führt'. Die Hand des Schreibenden wird somit zu jener Verbindungsstelle zwischen Körper, Schrift und Schreiben."[47] Daraus folgt, dass auch der Text mit dem Körper verbunden ist und kein unabhängiges Gebilde von Zeichen mehr darstellt.[48]

So nehme der Begriff des Körpers Langer zufolge eine zentrale Rolle ein, „allein schon deshalb, weil die *jouissance* ein körperliches Gefühl ist":[49]

> Chaque fois que j'essaye d',analyser' un texte qui m'a donné du plaisir, ce n'est pas ma ‚subjectivité' que je retrouve, c'est mon ‚individu', la donnée qui fait mon corps séparé des autres corps et lui approprie sa souffrance ou son plaisir: c'est mon corps de jouissance que je retrouve.[50]

---

[43] Ebd., 77.
[44] Vgl. Barthes, Roland: *Über mich selbst*. München: Matthes&Seitz Verlag, 1978, 141.
[45] Ette, 329.
[46] Vgl. ebd.
[47] Ebd., 359.
[48] Vgl. ebd., 360.
[49] Langer, 255.
[50] Barthes (1994), 1526.

Nach Zima gehe Barthes' Textauffassung vom Begehren (*désir*) und von der Lust (*plaisir*) aus, die ihm zufolge beide nietzscheanischen Ursprungs seien.[51] Auch Barthes selbst sagt, dass man mit dem Begehren schreibe, und dabei sei sein Begehren endlos.[52]

Diese erotisierende und körperliche Perspektive auf die Texttheorie mache nach Ette auch eine neue Definition des Begriffs der *écriture* notwendig, sie sei nun die Wissenschaft von der Wolllust der Sprache:[53]

> Le texte que vous écrivez doit me donner la preuve *qu'il me désire*. Cette preuve existe: c'est l'écriture. L'écriture est ceci: la science des jouissances du langage, son kāmasūtra (de cette science, il n'y a qu'un traité: l'écriture elle-même.[54]

Ette erläutert, dass der Text dabei zwar keine erogenen Zonen kenne, „doch sei wie im Falle der Kleidung der Zwischenraum zwischen zwei Kleidungsstücken verführerisch" und dies habe eine Erotisierung des Zwischenraumes zur Folge:[55]

> L'endroit le plus érotique d'un corps n'est-il pas *là où le vêtement bâille*? Dans la perversion (qui est le régime du plaisir textuel) il n'y a pas de ,zones érogènes' (expression au reste assez casse-pieds); c'est l'intermittence, comme l'a bien dit la psychanalyse, qui est érotique: celle de la peau qui scintille entre deux pièces.[56]

Jene Zwischenräume lassen sich in *Le plaisir du texte* durch seine aphoristische Schreibweise dabei zuhauf finden: „Barthes betont das ,Zwischen' im Text, gerade die Leerstellen zwischen den Fragmenten, etwa das Intervall im Text […]. Nicht mehr genau wissen, wo das ,Thema', das ,Subjekt' beginnt, nicht mehr wissen, wo es endet – das ist entscheidend".[57]

---

[51] Vgl. Zima, 276.
[52] Barthes (1978), 208.
[53] Vgl. Ette, 366.
[54] Barthes (1994), 1496.
[55] Ette, 366.
[56] Barthes (1194), 1498.
[57] Röttger-Denker, 37.

9

Barthes schreibt darüber, dass er es gerne hätte, Anfänge vorzufinden und zu schreiben, deshalb neige er dazu, dieses Vergnügen auch zu mehren und er schreibe daher so viele Fragmente, denn „so viele Fragmente, so viele Anfänge und ebensoviele Vergnügen".[58]

Doch darf man bei allem Vergnügen nicht vergessen, dass das fragmentarische Schreiben den Raum eines Textes als Gewebe öffnet, wie Langer anführt:

> Die einzelnen Fragmente können sich ergänzen, wider-sprechen, Sinn-Effekte aufmachen, die sich kreuzen, aber auch unterwandern und wieder auflösen. Das fragmentarische Schreiben entspricht […] damit […] dem des Textes als Gewebe.[59]

Zudem orientiert sich Barthes mit seiner fragmentarischen und aphoristischen Schreibweise auch deutlich an der von Nietzsche, denn auch seine Texte sind häufig fragmentarisch und antisystematisch aufgebaut und in seinen Aphorismen umreißt er dabei dasselbe Thema immer wieder unter verschiedenen Gesichtspunkten.[60]

Langer betont zudem, dass es in den Schriften von Nietzsche oft eben jene Leerstellen zwischen den Fragmenten seien, „die die eigentliche, wenn auch eben nicht sagbare Bedeutung *enthalten*."[61] Ähnliches lässt sich auch bei Barthes finden, denn auch bei ihm ist die Bedeutung oftmals zwischen den Fragmenten in eben jenen Zwischenräumen zu finden: „Das Öffnen von Zwischen-Räumen zwischen Begriffen oder Fragmenten verschiebt Bedeutungen in einen Raum außerhalb von Sprache, so dass auch hier die eigentliche Bedeutung ‚jenseits' liegt".[62]

---

[58] Barthes (1978), 103.
[59] Langer, 241.
[60] Vgl. ebd., 238.
[61] Ebd., 316.
[62] Ebd.

Genau wie Nietzsches Fragmente ermöglichen und erlauben auch die Fragmente in *Le plaisir du texte* dabei eine ständige Veränderung der Leserichtung.[63] Die Lektüre werde nach Ette somit zu einem wesentlichen Bestandteil eines *modernen* Textes, so dürfe man einen Roman Zolas nicht langsam lesen, während eine schnelle Lektüre die Lust des modernen Textes zerstöre.[64] Für Barthes stelle zudem *Le plaisir du texte* eine erste Realisierung eines modernen Textes dar,[65] dabei ist auch wichtig zu sehen, dass *Le plaisir du texte* eine Texttheorie ist, die gleichzeitig auch selber Text ist.[66]

Ein fragmentarischer Text erfordert dabei eine moderne, die Leserichtung immer wieder wechselnde Lektüre.[67] So schreibt auch Barthes: „Nous lisons un texte (de plaisir) comme une mouche vole dans le volume d'une chambre: par des coudes brusques, faussement définitifs, affairés et inutiles".[68]

Eagleton fasst es so zusammen, dass Lesen für Barthes nicht Erkenntnis, sondern in erster Linie erotisches Spiel sei,[69] während das Schreiben „vom Gehäuse der Ideologie, der Gattung oder der Struktur"[70] befreit werden solle. Barthes biete eine

> völlig andere Beschreibung des Leseakts, indem er modernistische Texte aufgreift, die jede feste Bedeutung in ein freies Spiel der Wörter auflösen, die repressive Denksysteme durch ein endloses Gleiten und Treiben von Sprache zu zerstören versuchen. Solche Texte verlangen weniger eine ‚Hermeneutik' als eine ‚Erotik': da es unmöglich wird, sie auf eine bestimmte Bedeutung festzulegen, schwelgt der Leser einfach im quälend-verlockenden Treiben der Zeichen.[71]

---

[63] Vgl. Ette, 367.
[64] Vgl. ebd.
[65] Vgl. ebd., 360.
[66] Vgl. Langer, 230.
[67] Vgl. Ette, 367.
[68] Barthes (1194), 1510.
[69] Vgl. Eagleton, 128.
[70] Zima, 277.
[71] Eagleton, 49-50.

Dabei bot Nietzsche Barthes vor allem den Vorteil, dass er kein enges philosophisches oder ästhetisches System entworfen hatte, welches für Barthes zu einer einengenden Doxa hätte werden können, wie dies mit der Theorie der *Tel Quel*-Gruppe passierte.[72] So bildete Nietzsche für Barthes einen wichtigen Bezugs- und Orientierungspunkt. Zudem war Nietzsche für Barthes ein wichtiger Auslöser bei seiner allmählichen Entfernung von der *Tel Quel*-Gruppe, deren Texttheorie ihn zunehmend einengte. Doch zeige nach Ette die Vielzahl intratextueller Verweise in *Le plaisir du texte* aber auch, dass die *écriture* von Barthes zunehmend selbstreflexiv wurde. So fällt auf, dass sich viele Äußerungen Barthes in seinem *Le plaisir du texte* auch auf sein eigenes Schreiben beziehen. Nach Ette deute sich daher in *Le plaisir du texte* eine neue Figur des Autors an: *l'écrivain s'écrivant en lisant ses propres textes*. Barthes ist also ein Schriftsteller geworden, der sich selbst lesend schreibt.[73]

---

[72] Vgl. Ette, 368.
[73] Vgl. ebd., 367-368.

Bibliographie

Primärtexte

1. Barthes, Roland: *Le plaisir du texte.* In: *Œuvres complètes.* Ders. Paris: Editions du Seuil, 1994. 1493-1529.

2. Barthes, Roland: *Die Lust am Text.* Frankfurt: Suhrkamp Verlag, 1982.

3. Barthes, Roland: *Über mich selbst.* München: Matthes&Seitz Verlag, 1978.

Sekundärtexte

4. Calvet, Jean-Louis. *Roland Barthes. A Biography.* Cambridge: Polity Press, 1994.

5. Eagleton, Terry: *Einführung in die Literaturtheorie.* 3. Auflage. Stuttgart: Metzler, 1994.

6. Ette, Ottmar: *Roland Barthes. Eine intellektuelle Biographie.* Frankfurt: Suhrkamp, 1998.

7. Ffrench, Patrick: *The Time of Theory. A History of Tel Quel (1960-1983).* Oxford: University Press, 1995.

8. Kauppi, Niilo: *Tel Quel: La constitution sociale d'une avant-garde.* Helsinki: The Finnish Society of Sciences and Letters, 1990.

9. Langer, Daniela: *Wie man wird, was man schreibt. Sprache, Subjekt und Autobiographie bei Nietzsche und Barthes.* München: Wilhelm Fink, 2005.

10. Röttger-Denker, Gabriele: *Roland Barthes zur Einführung.* Hamburg: Junius Verlag, 1989.

11. Stafford, Andy: *Roland Barthes, Phenomenon and Myth. An intellectual biography.* Edinburgh: University Press, 1998.

12. Zima, Peter V: „Roland Barthes' nietzscheanische Ästhetik des Signifikanten". In: *Literarische Ästhetik. Methoden und Modelle der Literaturwissenschaft.* Ders. Tübingen: Francke Verlag, 1991. 267-282.

13. http://de.wikipedia.org/w/index.php?title=Tel_Quel&printable=yes am 26.08.06

14. http://www.lyrikwelt.de/autoren/klossowski.htm am 26.08.06

15. http://www.de.wikipedia.org/wiki/Gilles_Deleuze am 26.08.06